Le Sabbat

Notre Jour du Repos

Don Harris

How appropriate that the only words I know in French would serve so well at just such a time. "Merci beaucoup" to my dear friends in the US, Canada, and Africa for your tireless effort in the translation of this most important work.

Don Harris

Imprimé aux États Unis d'Amérique
ISBN 978-0-9792829-7-3
Toutes citations bibliques ont été prises de la Version Roi Jaques (King James) de la Bible, à moins qu'il en soit autrement indiqué.
Ce livre est aussi disponible en audio.

Think Red Ink Press
www.ThinkRedInk.com

Le Sabbat

Notre Jour du Repos

La plus part des gens ont déjà leurs compréhension du Sabbat. Répondez aux questions suivantes *vrai* ou *faux* pour examiner votre connaissance sur le Jour du Repos – Le Sabbat:

(***Vrai*** ou ***Faux***)

1) Nous n'avons plus à observer aucun des Commandements car nous sommes maintenant sous la grâce. (p. 6)

2) Le Commandement concernant le Jour du Repos (Le Sabbat) est moins important que les autres. (p. 9)

3) C'est lorsque nous nous rappelons du repos spirituel qu'a fourni CHRIST par le rachat, que nous nous souvenons du Jour du Repos et que nous le sanctifions. (p. 14)

4) Si nous devons observer le Jour du Repos, nous pourrions l'observer n'importe quel jour que nous désirons une fois que c'est un jour sur sept et que nous sanctifions ce jour là. (p. 19)

5) Jésus n'a pas observé le Jour du Repos, ainsi, il nous fournit à tous un exemple à suivre. (p. 22)

6) Jésus nous a appris que si nous avions "un âne tombé dans un puits", nous pourrions travailler le Jour du Sabbat. (p. 24)

7) Le Sabbat a été change du septième jour au premier jour de la semaine en l'honneur de la résurrection. (p. 26)

8) Il n'y a aucun moyen pour nous de savoir quel jour est le septième jour de la semaine parce que les calendriers ont changés après tant d'années. (p. 28)

9) Chaque jour devrait être comme un Jour de Sabbat pour le Croyant. (p. 29)

10) Le Sabbat n'est pas réaffirmé (mentionné) comme un Commandement du Nouveau Testament. (p. 32)

***

Comment est-ce que cela a été? Considérons ces questions l'une après l'autre :

1) Nous n'avons plus à observer aucun des Commandements car nous sommes maintenant sous la grâce.
   FAUX

Voici l'une des doctrines les plus tenaces dans la chrétienté. Paul, dans le Nouveau Testament, nous dit que nous ne sommes plus sous la Loi.

> *"Or, nous savons que tout ce que la loi dit, elle le dit à ceux qui sont sous la loi:"* (Romains 3:19a)

> *"Car le péché ne dominera pas sur vous, parce que vous n'êtes pas sous la loi mais sous la grâce."* (Romains 6:14)

Que signifie d'être *sous la Loi?*

L'Apôtre emploie cette expression pour décrire notre position avant l'avènement du Christ. Avant son arrivée, il aurait dû être notre *obligation* de nous justifier devant Dieu par les œuvres de la Loi. Il nous dit que cela serait un travail impossible.

> Romains 3:20a, *"Parce que personne ne sera justifié devant Lui par les œuvres de la loi:"*

Il est incorrect de chercher à acquérir la justification par la Loi car la Loi **ne peut pas assurer la justification**.

> Romains 3:20b, *"Mais maintenant, la justice de Dieu a été manifestée sans la loi, la Loi et les Prophètes lui rendent témoignage; "*

Nous devons vivre selon l'Esprit et permettre à la Loi d'être témoin de nos actes. Si nous vivons selon l'Esprit, nous n'allons pas enfreindre la Loi. Si nous enfreignons la Loi, nous n'avons pas été fidèles à la direction de l'Esprit. Quand nous vivons selon l'Esprit, nous avons la justice qui nous a été attribuée. Donc on ne dit pas "notre justice", mais la "justice de Dieu".

Par exemple, si quelqu'un dit suivre l'Esprit en lui, et qu'il se trouve sans cesse en violation du Huitième Commandement *"Tu ne déroberas point"*, conseilleriez-vous à cet homme de continuer dans cette "conduite"? La Loi ne rend pas témoignage à sa conduite. Lorsque ses actes sont évalués selon la Loi, il est en violation. Il n'y a donc pas de témoignage que ses actes sont bons.

Les actes justes de ceux qui sont dirigés par l'Esprit gagnent le témoignage de la Loi et les Prophètes. Il devrait être facile d'accepter que nous, les Croyants sous la direction de l'Esprit, ne devrions jamais voler quoi que ce soit. Si nous volons, nous perdons le témoignage de la Loi et nous anéantissons la grâce par la quelle nous sommes sauvés.

Pour plus d'explication, échangez le Huitième Commandement dans l'exemple ci-dessus avec le Septième (*"Tu ne commettras point d'adultère "*) et imaginez si vous allez vouloir concéder que cet homme soit sous "la direction de l'Esprit."

Échangez le Huitième Commandement avec le Sixième (*"Tu ne tueras point"*) et pensez-y encore. Si un homme vous disait que l'Esprit de Dieu le dirige et que dans sa vie quotidienne il commet l'adultère ou le meurtre, conseilleriez-vous à cet homme de continuer dans sa conduite?

Il est évident (même aux croyants les plus nouveaux en Christ) que si on se sert des Commandements comme guide, cet homme n'est pas sous la direction de l'Esprit de Dieu!

Êtes-vous d'accord? Comment êtes-vous arrivé à votre décision? Il est donc facile de voir que cet homme n'est pas sous la direction de l'Esprit parce qu'il y a manque de témoignage de la Loi. Le manque de témoignage de la Loi et les Prophètes expose l'injustice quelle que soit la source de notre "inspiration".

La Loi n'est pas encore disparue. En effet, elle a été seulement rendue inefficace au Croyant dirigé par l'Esprit. Cependant, nous allons constater que la Loi existe toujours et qu'elle est toujours en vigueur *SI* nous quittons la direction de l'Esprit pour choisir le chemin qui nous plaît.

> *"Que si vous êtes conduits par l'esprit, vous n'êtes pas sous la loi."* (Galates 5:18)

Alors, comment sauriez-vous si vous n'êtes pas sous la loi et comment sauriez-vous si vous êtes conduits par l'Esprit? Soyez conduits par l'Esprit! La loi et les prophètes rendent témoignage continuellement et clairement à votre vie et vos actes comme étant bons et justes.

> 2) Le Commandement concernant le Jour du Repos (Le Sabbat) est moins important que les autres.
> *FAUX*

Beaucoup de gens ont du mal à mettre la même emphase sur le Quatrième Commandement comme sur les autres. Si vous insérez le Quatrième Commandement dans l'excrcice mentionné ci-dessus, et si vous continuez de réfléchir de la même façon, il vous serait difficile d'ignorer le Jour du Sabbat de notre Dieu.

Nous devons faire très attention en considérant l'*importance* des Commandements car cela suppose d'abords un personnage principal – Celui qui est entrain de faire le jugement. En considérant l'importance de ce Commandement, celui qui réfléchit bien se demande très rapidement, "Important à *qui?*"

Considérant l'importance des Commandements, pourrions-nous supposer que ce n'est pas nous, mais le personnage principal qui en est l'*Auteur*? D'autant plus qu'on ne peut pas se mettre à la place de l'auteur ou se dire qu'on a le droit d'éditer les Commandements, il est injuste (et imprudent) de mettre plus d'importance sur un des Commandements parce que cela nous obligerait à mettre les Commandements de l'Eternel sur une échelle d'importance.

Voyons comment Jésus a géré cette situation quant-elle Lui a été présentée:

> *"Et l'un d'eux, docteur de la loi, l'interroge pour l'éprouver, et lui dit: Maître, quel est le grand commandement de la loi? Jésus lui dit: Tu aimeras le Seigneur ton Dieu de tout ton cœur, de toute ton âme et de toute ta pensée. C'est là le premier et le grand commandement. Et voici le second qui est semblable: Tu aimeras ton prochain comme toi-même. De ces deux commandements dépendent toute la Loi et les prophètes"* (Matthieu 22:35-40)

Il y a ceux qui lisent ces paroles de Jésus et qui disent qu'il parlait de quelques nouveaux Commandements; mais, AU CONTRAIRE. Il citait la Loi:

> *"Tu aimeras donc l'Eternel ton Dieu, de tout ton cœur, de toute ton âme, et de toute ta force."* (Deutéronome 6:5)

> *"Tu ne te vengeras point, et tu ne garderas pas de ressentiment contre les enfants de ton peuple: mais tu aimeras ton prochain comme toi-même. Je suis l'Éternel."* (Lévitique 19:18)

N'est-il pas intéressant que Jésus n'a pas choisi de la liste qui Lui a été donnée par ce jeune avocat qui essayait de le prendre en défaut? Il a plutôt choisi en dehors des Dix Commandements. Il est clair que Son attitude était que les Commandements doivent rester intacts aussi bien qu'ils soient libres des opinions qualitatives ou quantitatives:

> *"Ne pensez pas que je sois venu abolir la loi ou les prophètes: Je ne suis pas venu abolir, mais accomplir. Car je vous le dis en vérité, jusqu'à ce que le ciel et la terre aient passé, il ne passera pas de la loi un seul iota ou un seul trait de lettre que tout ne soit accompli. <u>Celui donc qui aura violé l'un de ces plus petits commandements et</u>*

> *qui aura ainsi enseigné les hommes sera estimé le plus petit dans le royaume des cieux, mais celui qui les aura observés et enseignés, celui là sera estimé grand dans le royaume des cieux. Car Je vous dis que si votre justice ne surpasse celle des* scribes et des pharisiens, vous n'entrerez pas dans le royaume des cieux." (Matthieu 5:17-20 – Accentuation de l'Auteur)

Son usage de l'expression *"plus petit Commandement"* est aussi très intéressant. **Selon vous, lequel est le plus petit Commandement?**

Quand Je demande l'avis des gens sur ce sujet, habituellement ils me donnent une de ces trois réponses; et, dans la pensée de la plupart des gens, le Commandement du Sabbat est presque toujours nommé comme le plus petit des Commandements, suivi par le Cinquième en suite le Dixième respectivement:

> Exode 20:12, *"Honore ton père et ta mère, afin que tes jours soient prolongés sur la terre que l'Eternel ton Dieu te donne."*

> Exode 20:17, *"Tu ne convoiteras pas la maison de ton prochain: tu ne convoiteras pas la femme de ton prochain, ni son serviteur, ni sa servante ni son bœuf, ni son*

âne, ni aucune chose qui soit à ton prochain."

La différence entre l'entendement de l'Éternel et celui de l'homme me surprend beaucoup. Les hommes se disent souvent que c'est mauvais de voler, mais en même temps, ils se disent qu'il n'y a rien de mal de *vouloir quelque chose qui appartient aux autres.* C'est comme si on se demande, "Comment ce Commandement peut-il être important?"

Ceci est un élément très essentiel dans le Sermon de Jésus sur la Montagne. Il s'est expliqué en détail pour accentuer le fait qu'il y a une manière de rester libre de la condamnation de la Loi – en restant loin d'elle. Il nous apprend à mettre nos frontières loin de la violation de la Loi afin de ne pas l'enfreindre. Pour éviter l'adultère, Il nous a apprit à éviter la convoitise. Pour éviter le meurtre, Il nous a apprit à éviter la haine. Bien qu'il semble porter moins de conséquences éternelles, déshonorer ses parents était le seul péché punit par la mort; donc, ce Commandement est évidemment plus important que les autres Commandements.

Le Dixième Commandement contient la clé qui nous aide à observer les autres. Comment serait-il possible que ce Commandement soit le plus petit? Alors, si nous nous servons du raisonnement pour déterminer lequel des Commandements est le plus important, ça nous conduirait à élever un Commandement et en rabaisser un autre.

Ce n'est pas à nous de décider le niveau d'importance placé sur les Commandements. Nous ne sommes pas autorisés à décider. Nous ne sommes pas capables de décider.

Vous allez facilement voir que de mettre n'importe quel Commandement dans la catégorie du "plus petit" est une tâche difficile. Jésus savait ceci. Il savait que de déclarer un "plus grand Commandement" serait de désigner le reste comme les moindres. **Si Christ lui-même n'a pas voulu toucher à cette tâche, nous ne devrions pas non plus.**

> *"Celui donc qui aura violé l'un de ces plus petits commandements et qui aura ainsi enseigné les hommes, sera estimé le plus petit dans le royaume des cieux; mais celui qui les aura observés et enseignés, celui là sera estimé grand dans le royaume des cieux."* (Matthieu 5 :19)

Qui préfèrerait être appelé "le plus petit" pour toute l'éternité? Nous ne devons ni badiner avec les Commandements de Jéhovah ni les mettre en rang de priorité.

3) C'est lorsque nous nous rappelons du repos spirituel qu'a fourni Christ par le rachat, que nous nous souvenons du

Jour du Repos et que nous le sanctifions.
FAUX

Avez-vous jamais constaté que les Commandements donnés sur Sinaï nous disent peu de chose sur le *comment* nous devons les accomplir? L'une des choses les plus merveilleuses du ministère du Messie était qu'Il nous a apprit ce que Dieu attend de nous, Il a dit (à ceux qui ont des *"... oreilles pour entendre"*) COMMENT accomplir cette droiture.

Les Commandements eux-mêmes nous fournissent peu d'information sur la logistique de leurs obéissances à l'exception du Quatrième Commandement! Jéhovah a clairement expliqué ce Commandement et ce n'est que pure rébellion que de l'enfreindre. Il a consacré plus d'espace et plus de mots à ce Commandement qu'à nul autre— presqu'autant de mots que tous les autres Commandements combinés. Il explique ce Commandement si profondément qu'il n'y a pas à douter de son application.

Il explique ce qu'il faut faire et qui doit le faire. Il ajoute même quand, comment, et pourquoi ça doit être fait:

Exode 20:8-11, *"Souviens-toi du jour du repos* **(ce qu'il faut faire)** *pour le sanctifier; Tu travailleras six jours et tu* *feras toute ton œuvre, mais le septième jour* **(quand il faut le faire)** *est le repos de l'Eternel ton Dieu: Tu ne feras aucune œuvre* **(comment il faut le faire)** *en ce jour-là, ni ton serviteur, ni ta servante, ni ton bétail, ni l'étranger qui est dans tes portes;* **(qui doit le faire)** *car l'Eternel a fait en six jours les cieux et la terre, la mer et tout ce qui est en eux, et Il s'est reposé le septième jour; c'est pourquoi l'Eternel a béni le jour du repos et l'a sanctifié.''* **(Pourquoi le faire)**

Malgré qu'il soit vrai que nous avons du repos en Christ (et le repos du Sabbat mentionné dans Hébreux 4:9, *''il reste donc au people de Dieu un repos''* parlant de ce repos là) nous ne pouvons pas permettre à cette vérité spirituelle de remplacer un acte d'obéissance à la Loi de Jéhovah. La technique de "spiritualiser" les Commandements est un vieux stratagème employé par ceux qui ne veulent pas observer les Commandements. Ils se servent de cette méthode pour ne pas faire de changements gênants dans leurs styles de vies.

Comment en serait-il si nous appliquions cette technique de "spiritualisation" aussi aux autres Commandements? Pouvons-nous spiritualiser le Cinquième Commandement en proposant par théorie que d'honorer ses parents signifie uniquement que nous devons avoir une haute considération pour Dieu le Père? Comment pouvons-nous argumenter contre cette idée? Nous pouvons facilement voir la corrélation spirituelle entre nos parents terrestres et Notre Père Céleste. Avec cette méthode, on n'a pas besoin d'honorer une ou plusieurs personnes sur la terre pourvu que nous accomplissions ce Commandement dans le sens "spirituel".

Bien entendu, cette manière de raisonner sonne mal à l'oreille et ça trouble le cœur – parce que c'est *MAUVAIS!* L'autre manière par contre, est bien vraie. Nous devons honorer notre Père Céleste et Lui obéir. L'idée spirituelle *NE DOIT PAS REMPLACER* les actes d'obéissance à notre mère et à notre père. Cela ne devrait pas diminuer le respect à l'égard de nos parents. **Pourquoi devrions-nous abandonner la moindre obéissance aux parents visibles pour la valeur spirituelle supérieure?** Si nous nous comportons ainsi, n'avons-nous pas aboli le Commandement?

Et si je vous enseignais que le Septième Commandement (concernant l'adultère) impose uniquement une "moralité spirituelle" et que cela appartient uniquement à une "fidélité spirituelle"? Et si Je vous disais que l'adultère dont la Loi ancienne a parlé s'applique uniquement à la fidélité de l'Église envers Christ; alors, la "spiritualisation" de la Loi nous permet de commettre adultère et de se prostituer. Je pourrai bien garder ce raisonnement erroné si j'échange l'obéissance extérieure et évidente pour la vérité intérieure et spirituelle.

De plus, si nous faisions attention à ne pas profaner le Saint Nom de Dieu (Troisième Commandement) d'une manière spirituelle, cela nous permettrait-il de l'utiliser verbalement de n'importe quelle manière? **NON-SENS!**

Toutes les idées ne resemblent pas au bon sense, néamoins, beaucoup de gens sont prêts à appliquer cette théorie tordu au Quatième Commandement sans se faire le moindre scrupule. En gardant une idée spirituelle rigureuse du Sabbat, nous affaiblissons l'argument de l'observer comme Jéhovah l'avait voulu. Ça nous fournit une excuse et ça soutient notre répugnance qui nous arrive (naturellement) d'observer Ses Commandements.

Ce sont ceux qui sont **entièrement soumis aux Commandements extérieurement** qui peuvent bien garder l'idée du Sabbat étant une réalite spirituelle et intérieure. Pensez-vous de la confiance que vous auriez en un enseignant de la bible qui, sans se décontenancer est coupable d'adultère et qui, en même temps, enseigne sur les aspects spirituels et les applications du Septième Commandement. Aussi ridicule, c'est de trouver quelqu'un qui enseigne que pour observer le Quatrième Commandement, il faut "se soulager" et "se reposer" dans la tâche du rachât que Christ a accompli, et en même temps, cette personne vit pleinement en violation du Septième Jour de Repos de son Père!

L'aspect spirituel des Commandements est d'une grande valeur. On ne peut pas l'ignorer; on ne doit pas l'ignorer. Ignorez l'aperçu que l'Esprit Saint nous a éclaircit concernant les Lois et les règlements de l'Ancient Testament et vous avez repoussé la possession la plus précieuse de la renaissance. Entend que Croyants, nous ne pouvons pas être accomplis sans ces DEUX choses: un bon entendement du spirituel ET l'obéissance aux éxigences évidentes des Commandements. Nous ne pouvons pas nous justifier en observant le Commandement extérieurement et nous ne pouvons non plus jouir de la faveur de Dieu si nous ignorons l'aspect spirituel de Ses Commandements. Ce n'est pas la question de choisir ENTRE le spirituel et le physique (materiel); plutôt, c'est une décision de choisir LES DEUX.

Il est vrai qu'il y a une valeur à trouver dans la tâche accomplie de Christ: le soulagement et le repos; mais nous nous souvenons du Sabbat et nous le sanctifions seulement selon les instructions précises de l'Auteur. Ses instructions sont simples *"SOUVIENS-TOI du jour de Sabbat* [pour que tu puisses] *LE SANCTIFIER."*

    4) Si nous devons observer le Jour de
        Repos, nous pourrions l'observer

n'importe quel jour que nous désirons
une fois que c'est un jour sur sept et que
nous sanctifions ce jour là.
FAUX

Encore une fois, le Commandement est claire:
nous devons nous souvenir DU Jour de Repos, pas
D'UN Jour de Repos. Trop de langue et trop de
mots ont été utilisé pour mal comprendre ce
Commandement! Si l'intention du Père était de
nous faire reposer un jour sur sept, l'empoi des
mots aurait été comme dans Lévitique 25:2-4,
"...un Sabbat" qui parlait d'une année sabbatique
pour le repos de la terre. Il n'y avait pas une année
spéciale pour le repos de la terre, just une année
sur sept, pour faciliter l'assolement.

Le Dieu Tout Puissant a dit de se souvenir **DU**
Jour de Sabbat pour le sanctifier. Il n'a pas dit
d'avoir un Sabbat ou de se fabriquer un Sabbat. Il
a dit de se **SOUVENIR** de ça. Le Sabbat qu'Il veut
que nous observons est celui qu'Il a béni et
sanctifié. Seulement le Sabbat de la création peut-
être observé.

Considérons la différence entre *sanctifier* le Jour
de Sabbat et *faire sanctifier* le Jour de Sabbat. Il
est seulement possible d'*observer* et de se *souvenir*
de **ce qui est déjà fait**. Il est toute fois possible de
fabriquer ou se faire ce qui n'est pas encore fait. Si
nous nous fabriquons *un autre* jour comme notre
Sabbat, nous devons aussi *le faire* sanctifié.

Jéhovah a déjà fixé et sanctifié un jour spécial comme le Sabbat et Il l'a rendu saint. C'est notre responsabilité de nous souvenir de ce jour et le garder sanctifié (saint).

Le *Sabbat du Septième-Jour* de la création est le seul Sabbat dont nous pouvons nous *souvenir* – et le seul que le Créateur Lui-même a sanctifié. Peut importe si nous ignorons le Sabbat tout-entier ou si nous le gardons en un jour différent, le Sabbat du Septième-Jour est le seul Sabbat qui s'accorde à ce Commandement sans de nombreuses callisthénies mentales ou l'inclusion des authorités extra-bibliques pour le justifier.

Il y a ceux qui pourraient tenter de vous apprendre que le Sabbat a été changé, à juste titre, au Dimanche (le premier jour de la semaine): alors, je vous défie de decouvrir vous-mêmes la vérité concernant le dit changement. Si vous rencontrez ces gens, posez leurs cette question, " Si le Sabbat a été changé, qui l'a changé et pourquoi l'a-t-il été changé?

En plus, l'authorité responsable de ce changement du Sabbat du Jour de Repos au Dimanche doit être mise en question. J'ai fait pas mal de d'enquête sur ce sujet et j'ai trouvé que les réponses sont une réflèxion *peu honorable* du passé de la réligion. Nous allons discuter en plus sur mes découvertes plus tard. Pour le moment, réfléchissez sur ceci…même ci les Ecritures accepteraient votre désire d'avoir un autre jour, ce jour que vous avez choisi, comment prepariez-vous de le faire saint (sanctifié)?

> 5. Jésus n'a pas observé le Jour du Repos par ce moyen, il nous fournit tous un exemple à suivre.
> ## *FAUX*

Jésus est toujours accusé de l'avoir fait, mais Jesus n'a JAMAIS violé le Sabbat. Il est tout-a-fait innocent de cette accusation. Pendant des années, les Pharisiens et les Scribes ont ajouté (selon le Méssie) des "fardeaux" à la Loi. Ces règlements ont été ajoutés et de vivre sous les Commandements de Jéhovah était rendu extrèmement difficile. Beaucoup de ces règlements dont Jésus était toujours accusé d'avor violés faisaient partie de la tradition (et non la Loi). Le Fils de Dieu traitait ces règlement de "fardeaux" qui l'empêchaient d'accomplir la tâche de Son Père.

Un jour, on a trouvé Jésus et Ses disciples ramasser les blés. Après avoir arraché des épis et mangé, les Pharisiens Lui ont demandé pourquoi Il faisait "...ce qui n'est pas permis" le Jour de Sabbat. Il leur a répondu avec une question, *"Pourquoi n'interrogez-vous pas vos patriarches? Pourquoi refusez-vous de voir le vrai Coeur (volonté) de Dieu et regarder dans le passé avant d'inventer toutes ces lois et traditions?*

En suite Il leur dit, *"Que si vous saviez ce que signifie, Je veux la miséricorde, et non pas le sacrifice, vous n'auriez pas condamné des innocents."* (Matthieu 12:7) Regardez! Jesus citait du Osée 6:6, *"Car c'est la piété que j'aime et non le sacrifice et la connaissance de Dieu plus que les holocaustes."*

Dieu désire que nous avions la connaissance de Lui plus que les holocaustes, les sacrifices et l'obéissance aux Commandements. Nous savons tous que David cherchait toujours à faire la volonté de Dieu. Il était bien au courant de la volonté de Dieu et ce qui Lui fait plaisir. D'une manière ou l'autre, il a su que le pain de proposition sanctifié était disponible pour lui quant-il a eu besoin de ça. il l'a pris, l'a mangé, et en a donné à ses hommes.

J'ai cherché en vaine dans les Ecritures, des raisons pour les quelles David a fait ce qu'il a fait et j'ai fini par croire qu'il a tout simplement connu la volonté (le coeur) de Dieu. Jésus connaissait biensûr ccci: et si vous le connaissez, alors vous vivrerez dans Sa Loi et conformement aux règles.

Nous sommes perdus sans le Saint Esprit pour nous guider. Rappelez-vous, la Loi est un Conducteur pour nous mener à Christ, afin que nous soyons justifiés par la foi. Jésus, le Méssie, vivait dans cette connaissance. Ma seule intention d'écrire cette dissertation est de vous obliger, cher lecteur, à Le connaître en toute perfection. Exactement comme l'Apôtre a dit: *"Afin que je Le connaisse et l'éfficacite de sa résurrection, et la communion de ses souffrances…"* (Philippiens 3:10)

Les Pharisiens connaissaient le livre. Jésus connaissait l'Auteur. Les Scribes connaissaient les paroles. David connaissait **la Parole**.

Nous devons vivre dans l'Ordre de l'Evangile – pas contrairement à la Loi, mais en harmonie et à l'unission de châque lettre de la Loi. Nous ne pouvons pas réussir ceci en connaissant la Loi selon *"la lettre, qui a vieilli"*. Nous pouvons seulement réussir en ayant une relation vive et directe avec l'Auteur de la Loi.

Jésus n'a point violé la Loi de Son Père. Évidemment, Ses actes ont été malcomprises par les "légalistes" qui rendaient les règles plus dures que nécéssaire. On peut toute-fois trouver que la Loi de Dieu est plus facile à observer que ce qu'on nous avait appris.

6. Jésus nous a appri que si nous avons "un âne tombé dans un puits", nous pourrions travailler le Jour de Sabbat.

   FAUX

L' "exemption de l'âne tombé dans le puits" est cité comme une raison valide pour ne pas observer le Jour de Sabbat. En déclarant des "urgencies", beaucoup de gens se servent de cette idée comme une excuse pour faire presque n'importe quoi le Jour de Sabbat. Malheureusement (pour ceux qui le citent), ce n'est pas basé sur un fait. Voici les Ecritures qui en parlent:

> Luc 14:5, *"Puis Il leur dit: Qui de VOUS, si son âne ou son boeuf tombe dans un puits, ne l'en retire aussitôt le jour de sabbat?"*

> Luc 13:15, *"Mais le Seigneur lui répondit: Hypocrite, chacun de VOUS ne détache-t-il pas son boeuf on son âne de la crèche le jou de sabbat, et ne le mène-t-il pas à l'abreuvoir?"*

> Matthieu 12:11, *"Et Il leur dit: qui sera celui entre VOUS, qui, ayant une brébis, si elle tombe le jour de sabbat dans une fosse, ne la prenne et ne l'en retire?"*

Remarquez l'emploi du pronom "vous" dans châque cas si dessus. Jésus faisait voir l'hypocrisie des Pharisiens. Leur opinion faisait le sujet de Ses observations. Le Méssie ne disait pas qu'il était permis de retirer un âne de la fosse le Jour de Sabbat. Il disait que les Pharisiens exigeaient des autres ce que eux mêmes n'ont pas la volonté de faire. Ces Pharisiens ont évalué un âne et un homme – et la vie de l'âne et sa santé ont été jugées supérieures.

Laissez-moi vous dire que Christ ne disait pas nécéssairement qu'ils avaient tors d'avoir retiré l'âne ou d'avoir mené l'animal à l'abreuvoir, et Il ne donnait pas non plus aux hommes le permi d'enfreindre la Loi pour des cas jugés "urgences" par les hommes. Tout ce que le Seigneur vous dit personnellement reste entre vous et Lui. **Nous devons faire attention de ne pas ajouter aux Ecritures ce qui n'est tout simplement pas là.** Nous devons faire attention comme le Fils de Dieu, de ne pas faire des décisions éditoriales concernants la Loi inaltérable de Dieu.

7. Le Sabbat a été changé du septième jour au premier jour de la semaine à l'honeur de la résurrection.

FAUX

L'histoire nous montre que le culte originale de dimanche (sun-day) était du dieu du soleil (sun-god), Apollo. L'Empéreur Constantine adorait Apollo et a incorporé plein de ses signes, ses symbols et ses théologies dans la doctrine de ce qui était connu a Rome comme le Christianisme. Pendant l'année 321 Après Jesus Christ, il changea le jour de culte du Sabbat (septième jour de la semaine) au dimanche (premier jour de la semaine). En suite, it fit sortir une loi qui

interdisait formellement de travailler le dimanche (sun-day) et en même temps, donna l'ordre de jouer aux jeux et au sport le Jour de Sabbat.

> "Il ordonna d'observer ou plutôt, il interdit la profanation/violation publique du Dimanche, pas sous le nom de Sabbatum, mais sous son vieux nom astrologique et païen, Dies Solis, bien connu par ses sujets, cette loi était applicable aux adorateurs d'Hercules, d'Apollo, et de Mithra aussi bien qu'aux Chrétiens. Sa loi **portait aucune attribution soit au quatrième commandement soit à la résurrection de Christ**" (Mon accentuation) (Du Livre: The History of the Church – L'Histoire de l'Église)

L'idée que la célébration du Dimanche soit due à la résurrection est très difficile à tracer; pourtant, il N'y a PAS de base pour ça dans les Écritures. En réalité, il n'y a pas de base factuelle présentée dans les Écritures, pour dire que la résurrection s'est produite le Dimanche[1]. La bible nous dit exactement quand cela s'est produit; mais, ceci est rarement enseigné.

---

[1] Pour plus d'information sur les évènements de la résurrection, demandez "Reconciling the Resurrection" sur www.ThinkRedInk.com

Aucun verset biblique ne dit que Jéhovah a mis à part un autre jour pour l'adoration; et certainement Il n'a pas mis à part un autre jour que le Sabbat du Septième Jour pour le repos.

8) Il n'y a aucun moyen pour nous de savoir quel jour est le septième jour de la semaine parce que les calendriers ont changés après tant d'années.
   FAUX

Il est vrai que les calendriers ont changés avec le temps, mais les jours de la semaine n'ont jamais changés. Par exemple, lorsque le calendrier Julien de l'an 46 Avant Jésus Christ a été remplacé par celui de Grégoire en 1582, l'ordre des jours est resté intacte. Dix jours ont été soustraits du nombre de jours dans le mois – PAS du nombre de jours dans la semaine. L'ordre des jours est donc resté intacte. (Voir ci-dessous)

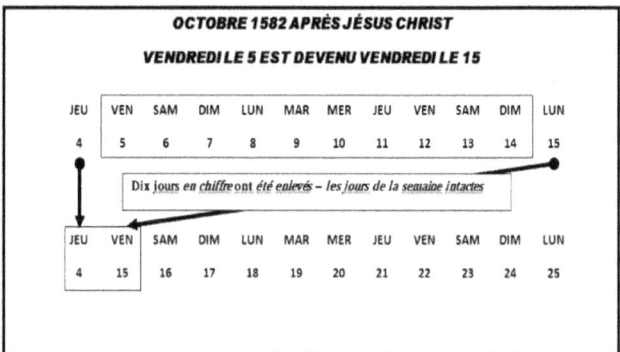

OCTOBRE 1582 APRÈS JÉSUS CHRIST

VENDREDI LE 5 EST DEVENU VENDREDI LE 15

JEU	VEN	SAM	DIM	LUN	MAR	MER	JEU	VEN	SAM	DIM	LUN
4	5	6	7	8	9	10	11	12	13	14	15

Dix jours en *chiffre* ont été enlevés – les *jours de la semaine* intactes

JEU	VEN	SAM	DIM	LUN	MAR	MER	JEU	VEN	SAM	DIM	LUN
4	15	16	17	18	19	20	21	22	23	24	25

Les experts chronologiques sont d'accord que l'ordre des jours est le même aujourd'hui que depuis le commencement de l'histoire. C'est devenu un argument académique entre les sages quand ils ont constaté que les enregistrements et calendriers Juifs enregistrent les jours séquentiellement depuis le début de l'histoire. Ces enregistrements ne vont pas jusqu'à la création mais jusqu'aux jours où Dieu nourrissait les enfants d'Israël de la manne dans le désert. Lorsque la manne ne tombait pas le jour de Sabbat, cela indiquait clairement le septième jour. (Je crois qu'il n'y a pas de danger à supposer que Dieu, depuis la création, savait quel jour était le septième!)

Tout récemment, nous avons aussi le témoignage du Fils de Dieu observant le Sabbat et nous pouvons certainement supposer qu'Il savait quel jour c'était.

En se servant de ces calendriers, on peut faire une projection jusqu'à nos jours, et on peut être assuré que le Septième Jour (actuellement appelé Samedi) a toujours été, et est toujours le Jour de Sabbat.

  9) Châque jour devrait être comme un Jour de Sabbat pour le Croyant.
  FAUX

Châque jour ne doit PAS être un jour de Sabbat. La définition même de la "sanctification" est de "séparer" ou de "mettre de côté". Séparer? Mettre de côté? De quoi?

Ici nous trouvons encore une fois un exemple de la spiritualisation d'un pur principe (voir question 3 au-dessus). Il est bien *vrai "qu'il reste donc, au peuple de Dieu un repos de sabbat"* et que cette vie *"est en Christ"* mais ces choses n'accomplissent pas le Commandement. Pour accomplir les Commandements, nous devons accomplir leurs exigences ou nous "ne Lui appartenons pas". Jésus a dit: *"Ne pensez pas que je sois venu abolir la loi ou les prophètes; je ne suis pas venu abolir mais accomplir."* (Matthieu 5:17)

Comment le Messie a-t-il accompli les Commandements? En les observant! Le Quatrième Commandement est clair que nous devons séparer les six autres jours du septième. L'énoncé, "Six jours tu feras tout ton œuvre" fait aussi bien parti du Commandement que l'ordre de se reposer le septième jour. *On ne peut pas accomplir ce Commandement en observant un Sabbat chaque jour.*

Beaucoup disent, "Nous devons adorer chaque jour!" Une telle déclaration montre un manque de connaissance (c'est peu dire) et la méchanceté (au pire). Celui qui manque de connaissance ne réalise

30

pas que le Commandement ne dit rien concernant l'adoration d'un jour sur sept. C'est de la méchanceté parce que sa déviation de la vérité supporte les comportements déréglés qui affirment les gens dans leurs mauvaises actions.

Il pourrait avoir un ton spiritual de dire, "Nous devons adorer chaque jour", mais il serait ridicule de dire que nous devons cesser de travailler tous les jours. Le Commandement est clair. Nous devons cesser de travailler le Jour de Sabbat. En plus, le Commandement ne dit rien concernant l'adoration.

Certains croient qu'il y a une preuve biblique que l'Église à cette époque faisait l'adoration le premier jour de la semaine (pour justifier le sabbat du dimanche, sun-day); cependant, n'est-il pas bizarre qu'il n'y a pas de preuve qui justifie que les disciples, les apôtres, ou personne parmi les anciens de l'Église étaient en clin à travailler le septième jour?

Bien sûr qu'on peut adorer n'importe quel jour que nous désirons, mais cela n'accomplit pas le Quatrième Commandement. Ce Commandement exige que le **travail** ne doit pas être fait le Jour de Sabbat. Si n'importe qui peut se tromper et penser qu'en faisant l'adoration chaque jour, il accomplira le Quatrième Commandement, c'est peut être parce qu'il n'a jamais réellement lu ce que dit le Commandement.

10) Le Sabbat n'est pas affirmé (mentionné) à nouveau comme un Commandement du Nouveau Testament. *FAUX*

Matthieu 19:18-19, *"Il lui dit: Lesquels? Et Jésus lui répondit: tu ne tueras pas; tu ne commettras pas d'adultère; tu ne déroberas pas; tu ne diras pas de faux témoignage, honore ton père et ta mère, et tu aimeras ton prochain comme toi-même."*

Plusieurs des Commandements, portant ces mots de Christ que nous trouvons dans le livre de Matthieu, ne sont pas mentionnés dans le Nouveau Testament. Par exemple, où peut-on retrouver dans le Nouveau Testament le Commandement qui interdit de se faire des images taillées? Où peut-on retrouver mot-à-mot le Commandement qui interdit d'avoir d'autres dieux *"devant"* Jéhovah dans les livres? Quand Jésus a-t-Il dit, *"Tu ne convoiteras pas?"*

Nous ne devons ni accepter l'avidité ou l'idolâtrie à cause de l'absence de ces Commandements dans le Nouveau Testament; ni éloigner un seul Commandement saint de Jéhovah parce qu'il n'est pas retrouvé imprimé à l'intérieur des pages.

Bien sûr, certains peuvent maintenir que le *comportement* des Apôtres et celui des fidèles de

Christ sert à bien affirmer la continuité du Commandement – et j'en serais tout-à-fait d'accord! Quand nous lisons les mots de l'Apôtre Jean, *"Petits enfants, gardez-vous des idoles"* (1Jean 5:21), nous pouvons être assurés qu'il observait toujours le Commandement *"Tu n'auras pas d'autres dieux devant ma face"*. En plus, même si ce n'est pas écrit que Jésus a mentionné cette phrase, y a-t-il un écrivain apostolique qui n'a pas mentionné le péché de l'avidité?

Il y a de nombreux exemples montrant la *philosophie* et le *comportement* des Disciples de Christ (y compris les écrits des Apôtres) qui affirment et qui réaffirment que les Commandements de l'Ancien Testament sont applicables au Croyant du Nouveau Testament. Même l'histoire enregistrée, religieuse et laïque, confirme que les premiers Croyants séparèrent le Sabbat comme un jour saint.

Il y a encore un passage peu connu dans le Nouveau Testament qui sert comme un **exemple biblique**, ou qui affirme encore le Quatrième Commandement et sa pratique par ceux qui étaient les plus proches du Sauveur.

> *"C'était le jour de la préparation, et le sabbat allait commencer. Et les femmes qui étaient venues de Galilée avec Jésus, ayant suivi Joseph, remarquèrent le sépulcre et comment le corps de Jésus y fut placé. Et*

> *s'en étant retournées, elles préparèrent des*
> *aromates et des parfums, et elles se*
> *reposèrent le jour du sabbat, selon la loi."*
> (Luc 23:54-56 Avec l'accentuation de
> l'auteur)

Ces femmes venaient de passer trois ans et demi[2] avec le Messie. Elles l'avaient entendu prêcher, enseigner et servir. Elles l'avaient entendu débattre la loi avec les meilleurs des meilleurs dans les synagogues. Celui qui croit que le "Croyant du Nouveau Testament" est dispensé de ces structures légales devrait se demander pourquoi ces femmes ont été obligées d'honorer un Commandement démodé et inutile. Pourquoi, après avoir accompagné le Christ pendant plus de 182 Jours de Sabbat, après avoir été témoins des exemples journaliers du Fils de Dieu, seraient-elles obligées d'observer un Commandement abolit par le Sauveur?

Si la Bible avait seulement dit qu'elles *"se reposèrent le jour de sabbat"*, on pourrait se dire peut-être parce qu'elles étaient habituées ou parce qu'elles craignaient les représailles des chefs religieux; mais on ne peut pas supposer ainsi car la Bible est claire.

---

[2] Les Écritures ne spécifient pas la durée du ministère du Messie. Il est généralement accepté que ça faisait trois ans et demi.

Elles avaient refusé de travailler parce que c'était *"...selon le Commandement"*.

On trouve facilement dans les Écritures, les actes vertueux de ceux qui appelaient le Christ "Seigneur". Ces actes, étant *des exemples*, affirment les Commandements; mais lorsque *la raison* est donnée pour le comportement de ces femmes obéissantes, qui étaient si proches du Seigneur durant toute Sa vie, il y a alors *plus* de preuves pour la réaffirmation du Quatrième Commandement que pour les neuf autres Commandements!

***

DEUXIEME PARTIE

Plus d'information sur le Sabbat

Le Sabbat a ces spécialités palpitantes:

1) Le Sabbat faisait partie de la création (p.34)
2) Le Sabbat fut avant l'alliance de Noé, avant l'alliance d'Abraham, et avant la Loi (p.37)
3) Le Sabbat fut une partie intégrante de la Loi et plusieurs lois et jours saints ont été basés et désignés autour des jours de Sabbat. (p.39)
4) Les Dix Commandements comprenaient l'observance du Sabbat (p.40)
5) L'observance du Sabbat est mentionnée partout dans les Écritures de l'Ancien et du Nouveau Testament (p.42)
6) Jésus a mentionné le Sabbat comme un élément très important à la fin des jours (p.44)
7) La Loi et les Prophètes rendent témoignage au Sabbat (p.45)
8) Le Sabbat marquera le temps et l'adoration dans le Royaume de Dieu pendant toute l'éternité (p.47)

Jetons un coup d'œil à ces traits distinctifs un à la fois:

1) Le Sabbat faisait partie de la création.

La Bible dit *"Dieu a béni et a sanctifié* le septième jour*"*. Parfois je pense que nous ratons de l'entendement important parce que nous ne prenons pas d'arrêt pour comprendre les mots que nous lisons. *Bénir* et *sanctifier* veulent dire *mettre de côté*. Dieu a séparé le Jour de Sabbat de tous les autres.

Réfléchissez sur cette question difficile:

- Est-ce que le Créateur Dieu a *crée* le Sabbat?

Pour y répondre, nous devons d'abord nous dire est-ce que Dieu a travaillé (créé) le septième jour et est-ce que le monde a été fait en six jours ou sept. (Après tout, Jésus a dit que le Sabbat a été FAIT pour l'homme). Jéhovah (YHVH) a-t-Il crée le Sabbat? La réponse est NON! Dieu n'a pas créé le Sabbat. Il n'a pas créé le Jour de Sabbat comme Il n'a pas créé le huitième, neuvième et le dixième jour. Il l'a séparé et l'a béni. Les jours suivants furent les produits d'une galaxie déjà mise en mouvement. Nous devons admettre que ces jours étaient mis en mouvement par YHVH: toutefois ils ne faisaient pas partie des jours de la création.

Il y a ceux qui affirment que le Sabbat a été crée le septième jour. Cependant, le Sabbat n'a pas été créé – il a été mis à part. S'Il avait créé le Sabbat, plus de travail aurait été impliqué. Dieu l'a fait en le mettant à part.

Le septième jour fut le premier jour que le monde a savouré, ayant toutes ses parties intactes. Ce jour merveilleusement beau fut le produit du système planétaire de Dieu et fut aussi le premier de plusieurs à venir. Comme le premier soleil de la création achevée se leva, il brilla sur tout ce que Dieu avait fait: et le premier cadeau de Dieu à l'homme est sorti du plaisir du Créateur – Le Jour de Sabbat – les prémices de Son nouveau monde!

Il a décidé de séparer ce jour de tous les autres; un jour pour l'homme afin de se souvenir de son Créateur. La création elle même a produit le Jour de Sabbat et Dieu l'a séparé et l'a donné – comme un cadeau – à nous!

La semaine comprend sept jours. Ce modèle de la création et du repos que Dieu a fait devrait être utilisé par l'homme comme un modèle pour sa propre activité. Regardez le Quatrième Commandement et remarquez comment Il reflète les jours de la création:

> Exode 20:8-11 *"Souviens-toi du jour du repos pour le sanctifier: tu travailleras six jours, et tu feras toute ton œuvre; mais le septième jour est le repos de l'Éternel ton Dieu. Tu ne feras aucune œuvre en ce jour-là, ni toi, ni ton fils, ni ta fille, ni ton*

> *serviteur, ni ta servante, ni ton bétail, ni l'étranger qui est dans tes portes. Car l'Éternel a fait en six jours les cieux et la terre, la mer et tout ce qui est en eux, et Il s'est reposé le septième jour: c'est pourquoi l'Éternel a béni le jour du repos et l'a sanctifié."*

C'est du Quatrième Commandement que nous avons la base pour notre semaine de sept-jours *et* la base pour notre cycle de travail et du repos. Avez-vous remarqué qu'il N'Y A AUCUNE AUTRE RAISON d'avoir une semaine de sept-jours saufe celle qui est écrite dans la Bible concernant la création? Pourquoi ne pas avoir une semaine de cinq jour ou de dix jours? Remarquez qu'il n'y a rien dans la nature qui indique que nous devons nous reposer le septième jour. Les animaux ne cèssent pas de travialler ce jour. Les plantes ne cèssent pas de pousser. Rien ne nous montre que nous devons observer ce Commandement. Nous devons tout simplement nous reposer parce-que Dieu l'a dit!

> *"Pourquoi un jour est-il plus important que l'autre lorsque la lumière dans toute l'année provient du soleil? Par la sagesse du Seigneur, ils ont été distingués, et Il a désigné les saisons et les fêtes différentes. Les uns, Il les a élevés et sanctifiés, les autres Il les a faits de jours ordinaires."*
> (Sirach 33:7-9 – Les Apocryphes NRSV)

Le même témoignage de la création qui déclare que le monde fonctionnera avec un cycle de sept jours, a déclaré aussi que le Sabbat constitue une partie intégrante de cette semaine. La science d'aujourd'hui avec ses théories de l'évolution essaye de toutes les manières d'enlever YHVH (Jéhovah) de l'équation de la vie. Le Sabbat sert comme le dernier signe résiduel de Dieu en tant que Créateur de la terre.

> 2) Le Sabbat fut avant l'alliance de Noé, avant l'alliance d'Abraham, et avant la Loi.

Cela peut vous surprendre que la célèbre apparition des Dix Commandements n'a pas été là lorsque l'observance du Sabbat a commencé. Cela s'est produit dans le désert, juste avant que les Commandements furent donnés. L'incident arriva lors de l'évènement de la manne, et il a été donné aux enfants d'Israël ***comme une épreuve d'obéissance***. Lisez-le encore:

> *"Alors l'Éternel dit à Moïse: voici, je vais vous faire pleuvoir des cieux du pain, et le peuple sortira, et ils en recueilleront chaque jour ce qu'il faut pour la journée, afin que je l'éprouve pour voir s'il marchera ou non dans ma loi. Mais le sixième jour, ils apprêteront ce qu'ils auront apporté, et il y en aura le double de*

ce qu'ils recueilleront chaque jour…. C'est ce que l'Éternel a dit: Demain est le repos, le sabbat consacré à l'Éternel, faites cuire ce que vous avez à cuire et faites bouillir ce que vous avez à bouillir, et serrez tout le surplus pour le garder jusqu'au matin…. Alors Moïse dit: mangez-le aujourd'hui, car c'est aujourd'hui le sabbat de l'Éternel; aujourd'hui vous n'en trouverez pas dans les champs. Pendant six jours vous le recueillerez, mais au septième jour qui est le sabbat, il n'y en aura pas. Et le septième jour, quelques uns du people sortirent pour en recueillir mais ils n'en trouvèrent pas. Alors l'Éternel dit à Moïse: jusqu'à quand refuserez-vous de garder mes commandements et mes lois? Considérez que l'Éternel vous a donné le sabbat c'est pourquoi il vous donne au sixième jour du pain pour deux jours que chacun demeure à sa place, et que personne ne sorte de son lieu le septième jour. Le peuple se reposa donc le septième jour." (Exode 16:14-30 – abrégé)

Chronologiquement, cet évènement dans ce passage s'est passé juste *avant* que les Dix Commandements ne soient donnés. (Exode 20). Le Père nourrissait de manne son peuple qui murmurait dans le désert. 'A sa façon, Il ajouta un avertissement – une clause conditionnelle – cueillir le double de la nourriture le sixième jour et de ne pas cueillir le jour de sabbat.

Cet exercice du sabbat était son "petit essai" avant l'épreuve même. Voilà pourquoi Il a dit: "*…afin que je l'éprouve pour voir s'il marchera ou non dans ma loi.*" Ses exigences n'étaient pas grandes ni impossibles. Elles n'étaient même pas difficiles. Tout ce qu'Il a demandé était de faire les choses à Sa façon.

Malheureusement, l'histoire s'est terminée avec le refus du peuple de faire ce que son Créateur avait ordonné, et nous l'entendons dire, "*Jusqu'à quand refuserez-vous de garder mes commandements et mes lois?*"

Jéhovah a voulu que son peuple reste "*dans leur place*" le jour de sabbat. Je pense que cette phrase indique évidemment un jour sans activité. Il a dit: "*Demain est le repos, le sabbat consacré à l'Éternel, faites cuire ce que vous avez à cuire et faites bouillir ce que vous avez à bouillir et serrez tout le surplus, pour le garder jusqu'au matin.*"

N'est-Il pas entrain de dire clairement que nous devons faire cuire seulement ce que nous mangerons aujourd'hui et mettre de coté (garder non-cuit dans son état naturel) ce que nous mangerons demain? La préparation était prévue, manger était prévue, mais la cueillette était interdite.

Je crois que même aujourd'hui, le sabbat continue d'être une épreuve d'obéissance.

3) Le Sabbat fut une partie intégrante de la Loi et plusieurs lois et jours saints ont été basés sur, et désignés autour des jours de Sabbat.

Beaucoup de Lois ont été basées sur, et désignées autour des Jours de Sabbat. Le Sabbat est pleinement mentionné et ajouté partout où nous trouvons les Fêtes et les Jours Saints dans l'Ancien Testament. Quelques jours de Fête peuvent avoir jusqu'à trois jours de sabbat *dans l'intervalle d'une semaine.*

Tous les Sabbats ont reçu certaines distinctions. Les *"Sabbats et les nouvelles lunes"* dont les Lois et les ordonnances aussi bien que le Nouveau Testament ont parlés sont entièrement différents du Sabbat hebdomadaire. Avant que Jésus vienne les accomplir dans Sa vie exemplaire, ils étaient à observer et à garder à la lettre. Néanmoins, le calcul du Sabbat et sa familiarité faisaient partie intégrante de la Loi; et sans cela, l'obéissance à la Loi aurait été impossible.

Je suggère que le Sabbat continue d'être une partie de la Loi que notre Père a *écrite dans nos cœurs.* Sans pratiquer le Sabbat, nous allons trouver que notre relation avec Christ n'est pas complète et que nous n'allons pas obéir au Guide qui est en nous.

    4) Les Dix Commandements comprenaient l'observance du Sabbat.

Le fait que les Dix Commandements comprennent le Sabbat montre clairement son importance et cela crée des arguments entièrement différents pour ou contre sa pratique dans la vie du Croyant d'aujourd'hui. Si ça ne faisait pas partie des Commandements, on serait enclin à croire que le Sabbat est moins important aujourd'hui.

Voici un exemple contraire. Il a été ordonné dans les Écritures de porter des franges mais cet ordre n'est pas compris dans les Dix Commandements. Si quelqu'un vous disait que vous ne vivez pas selon le plaisir de Jéhovah parce que vous ne portez pas des franges, (ou des ficelles aux pans de votre vêtement, ou la barbe parce que vous ne devez pas raser ces "bordures") vous pouvez donner un argument sur la pertinence d'un commandement du genre. Mais si vous êtes entrain de violer l'un des Dix Commandements, il serait difficile pour n'importe qui de voir, par votre acte, si vous êtes obéissant à l'Esprit qui les a originellement écrit et chargé.

Rappelez-vous que nous sommes entrain de parler du SEUL document écrit du doigt de Dieu. C'est l'une des écritures qui contiennent *purement* les paroles de Dieu. C'est contradictoire (même de l'hypocrisie) de prêcher et d'enseigner que la Bible est un document immuable si les mots qui ont été écrits par Dieu Lui-même sont changeables et impertinents!

L'Éternel a choisi que l'observance du Sabbat fasse partie des Dix Commandements. Il a choisi de l'écrire en pierre et le mettre en vigueur pendant des centaines d'années. Qui sommes nous de dire que le Sabbat n'est pas pour nous aujourd'hui? N'est-il pas bizarre que plus de Croyants sont prêts à accepter un livre de leur époque comme étant inspiré, infaillible, et immuable que d'accepter les mots *réellement* écrits par notre Dieu – en pierre – avec Son propre doigt?

5) L'observance du Sabbat est mentionnée partout dans les Écritures de l'Ancien et le Nouveau Testament.

La liste des références qu'on peut citer ici serait beaucoup trop longue. Il suffit alors de dire que les adorateurs du Dieu d'Abraham, d'Isaac et de Jacob pratiquaient le Sabbat; et son existence est un fait incontestable pour n'importe quel lecteur de la Bible. Alors, est-ce que cela est pertinent à l'adorateur d'aujourd'hui? Le Sabbat a-t-il été abandonné dans les jours de Christ ou dans les jours des d'Apôtres ou à l'époque de l'Église primitive?

Il n'y a pas de preuve que le Sabbat a été une fois
considéré d'être changé jusqu'au moment où
l'Empereur Constantin l'a changé conformément à
sa propre tradition païenne des adorateurs du
soleil. Sa "conversion" douteuse écrite dans
l'histoire me laisse me perplexe à croire que cet
homme fut Chrétien ou un ami de l'Église.

Constantin a personnellement corrompu la foi de
l'Église et l'a rendu superstitieuse et magique que
nous voyons aujourd'hui dans le Catholicisme. En
étudiant le changement de l'Église, on se demande
quelle vérité reste-il dans l'état déplorable de
"*...la foi qui a été donnée une fois aux saints*".
Nous ne pouvons pas trouver de similitude à la foi
et à la pratique dont ceux du Nouveau Testament
ont témoignées.

On nous a tous vendu des mensonges. Maintenant,
il est de notre devoir de trouver le bon chemin,
oubliant toute tradition et familiarité, ensuite se
donner du courage pour marcher dans le chemin
qui nous a été montré. Nous devons voir tout en
noir en évaluant les anciens chemins, les doctrines
et traditions qui nous ont été donnés par cette
église déplorable.

En plus de l'adoration du soleil (dimanche: sun-
day), veuillez voir une liste des erreurs qui nous
ont été enseignées comme étant vraies: le baptême
des enfants, la transsubstantiation, la médiation,

l'affection pour les idoles, les icônes et symboles…etc. Nous devons avoir la volonté de remonter au-delà de St. Augustin ou d'Origen pour découvrir la vérité concernant le Sabbat. Le Sabbat du septième jour est "l'ancien chemin" confirmé par l'histoire, affirmé par les Écritures, et qui témoigne hardiment en nous aujourd'hui!

> Jérémie 6:16, *"Ainsi dit l'Éternel: Tenez-vous sur les chemins, et regardez, et enquérez-vous **des sentiers d'autrefois**, quel est **le bon chemin**; et marchez-y, et vous trouverez le repos de vos âmes."*

> 6) Jésus a mentionné le Sabbat comme un élément très important à la fin des jours.

L'une des preuves les plus grandes de la permanence du Jour de Sabbat est lorsque le Christ l'a mentionné en Matthieu 24:20, ***"Priez que votre fuite n'arrive pas en hiver, ni en un jour de sabbat"***.

Nous pouvons nous interroger concernant pourquoi le Messie a dit ceci du Jour de Sabbat, mais une chose est claire, C'EST UN FACTEUR! Sans doute, le Sabbat aura quelques effets à la fin des jours si non, Il ne l'aurait pas mentionné. Si le Sabbat ne sera pas un élément important, si le Sabbat est (ou était) une relique vieillie et sans aucune importance venant d'un culte Juif, le

Sabbat alors ne serait pas une grande chose pour les Croyants des dernier jours qui seront entrain de se préparer pour la grande tribulation.

En plus, si l'idée de l'observance du Sabbat ne nous concerne pas en tant que Croyants du Nouveau Testament, quelle conséquence possible pourrait-elle avoir pour l'Église pendant les derniers jours?

Jésus l'avait mentionné parce que c'*est* et cela a toujours *été* – le Sabbat – le septième jour de la semaine – séparé comme étant un jour de repos afin d'honorer Dieu et faire ce qui Lui plaît. Une violation nous met directement en opposition de ce Commandement de Jéhovah.

> 7) La Loi et les Prophètes rendaient témoignage au Sabbat.

Jetons un coup d'œil à ces Écritures:

> *"Toutes les choses donc que vous voulez que les hommes fassent, faites-les-leur aussi de même; car c'est là la loi et les prophètes"* (Matthieu 7:12)

> *"De ces deux commandements dépendent toute la loi et les prophètes"* (Matthieu 22:40)

"La loi et les prophètes vont jusqu'à Jean; depuis ce temps-là le royaume de Dieu est annoncé, et chacun y entre par la violence" (Luke 16:16)

"Philippe trouva Nathanaël et lui dit: Celui de qui Moïse a écrit dans la loi et que les prophètes ont annoncé, nous l'avons trouvé: c'est Jésus, le fils de Joseph, de Nazareth." (Jean 1:45)

"Et après la lecture de la loi et des prophètes..." (Actes 13:15)

"Mais maintenant, la justice de Dieu a été manifesté sans la loi, la loi et les prophètes lui rendent témoignage..." (Romains 3:21)

Sur la Montagne de la Transfiguration, nous voyons Moïse et Élie symbolisant la loi et les prophètes. Lorsque Jésus annonça la "Règle d'Or" Il lui a donné de la crédibilité en montrant qu'elle était appuyée par la loi et les prophètes. L'Apôtre Paul se défendait contre les accusations d'être un hérétique en déclarant qu'il *"croyait tout ce qui est écrit dans la loi et dans les prophètes"*. Croyez-vous qu'un Apôtre du Nouveau Testament va anéantir, ou traiter de sans importance, ou même mettre de côté les écritures des Prophètes? Pouvez-vous voir un Apôtre du Messie dire que l'une des Lois soit inapplicable ou incorrecte?

C'est incompréhensible que quelqu'un dirigé par le ***même Esprit***, qui a parlé et qui a écrit par les prophètes, niera leurs messages plus tard. Cependant, la Loi immuable de Jéhovah, inséparable des Prophètes, est mise de côté, rendue négative, vieillie, et aujourd'hui on choisit en elle ce qui nous plaît en ignorant ce qu'on déteste – et personne n'est gênée.

Pouvez-vous dire, avec l'Apôtre Paul, que VOUS croyez tout ce qui est écrit dans la Loi et les Prophètes?

8) Le Sabbat fera partie du temps et de l'adoration dans le Royaume de Dieu pendant toute l'éternité.

"Car comme les cieux nouveaux, et la terre nouvelle que je vais créer, subsisteront devant moi, dit l'Éternel, ainsi subsisteront votre race et votre nom. Et de mois en mois et de sabbat en sabbat, toute chair viendra se prosterner devant moi, dit l'Éternel." (Ésaïe 66:22-23)

Il est évident que ce concept de Sabbat comme étant un jour sanctifié continue jusqu'en Éternité. Il est impossible de croire que le Sabbat qui était pour les Enfants de Dieu dans le passé, et qui sera encore dans le future, n'est pas pour nous aujourd'hui. Les *cieux nouveaux et la terre nouvelle* désigneront le temps, les jours, les mois, et les années exactement comme ils l'ont fait depuis le début. La lune continuera à désigner les mois et les jours continueront à être comptés en sept. le Septième Jour continuera à être le même dans l'éternité comme ça l'est aujourd'hui – le Sabbat.

***

La Récapitulation

L'histoire du Sabbat se trouve depuis le septième jour de la création jusqu'aux jours de l'antéchrist. La prophétie montre bien son existence jusqu'en éternité. Humilions-nous à la pensée que l'être humain a été créé quelques heures seulement avant le Sabbat et de savoir que le Sabbat continuera longtemps après notre départ.

Le Sabbat est une doctrine clef dans les Écritures; pratiqué par les pères de notre foi, c'est l'avant-coureur des disciplines de la maîtrise de soi et l'abnégation de soi trouvées dans la Nouvelle Alliance. Ça parle à travers chaque don spirituel, se manifestant comme le repos, la paix, et un esprit doux et paisible. C'est un signe entre notre Dieu et Son peuple pour toujours.

La vraie Église ne peut pas diriger le Sabbat; les hommes religieux qui créent et qui effacent des doctrines comme ils veulent ne peuvent pas l'abattre non plus.

L'idée de "spiritualiser" le Sabbat affaiblit l'argument de l'observer comme Dieu a voulu et ça soutient notre répugnance qui nous arrive (naturellement) d'observer les Commandements de Dieu. Pour éviter l'hypocrisie, il faut garder cette idée et la considérer seulement en obéissant entièrement au Commandement.

On se rappelle du Sabbat et on le sanctifie en se soumettant aux arguments qui sont bien révélés dans les Écritures. Aucun changement ni altération si minime qu'il soit n'est possible-ni se conformer et être en harmonie parfaite avec la façon de vivre du Nouveau Testament.

Je vous défie d'examiner vos comportements, vos croyances et pratiques dans cette affaire. Déterminez pourquoi vous faites ce que vous faites et quand vous le faites. Ayez honte si vous trouvez que votre tradition ou votre préférence personnelle ont eu raison du Commandement de Dieu – et faites tout ce qu'il faut pour vous corriger!

En bref, le Sabbat est resté comme un signe entre Jéhovah et Son peuple (l'Israël Spirituel) pour des centaines d'années et il continue de le rester aujourd'hui.

Lisez Exode 31:13-18 encore une fois, comme si c'était pour la première fois:

> *"...Seulement, vous observerez mes sabbats. Car c'est un signe entre moi et vous, dans toutes vos générations, afin qu'on sache que c'est moi, l'Éternel qui vous sanctifie...on travaillera pendant six jours, mais au septième jour, ce sera le*

sabbat du repos, consacré à l'Éternel...pour célébrer le sabbat dans toutes leurs générations, comme une alliance perpétuelle. **C'est un signe entre moi et les enfants d'Israël à perpétuité**: car l'Éternel a fait en six jours les cieux et la terre, mais au septième jour Il a cessé et s'est reposé. Et Il donna à Moïse...les deux tables de pierre, écrites du doigt de Dieu."
[Sur les quelles Il a gravé...]

"Souviens-toi du jour du repos (le Sabbat) pour le sanctifier."

EXPRIMEZ-VOUS:

Ce livre est disponible en Espagnol
Aussi en CD, et Mp3 disques audio, et des
téléchargements sont aussi disponibles sur Internet
en Anglais et Espagnol.

Faites vos commandes sur:
www.ThinkRedInk.com